La Maga de las Emociones presenta:

¿Cómo sobrevivir a la Navidad?

Llega la odiosa Navidad para muchos, la amada navidad para otros. Sin embargo, aunque nos encante esta época del año, no deja de ser un desbarajuste. Por este motivo, aquí os traigo la magia de la Navidad en forma de consejos para cada parte del calendario estival. Desde la preparación, la familia, los regalos, y algún que otro consejo para que empecéis el año con muy buen pie.

Os deseo una muy Feliz Navidad

La Maga de las Emociones

Índice

Preparación a la Navidad

1

¡Qué no os den las fiestas!

Empiezan las luces de navidad en las calles y eso nos recuerda la fecha en la cual todos nos tenemos que amar, querer y ser felices se acerca. Las cenas y comidas, los encuentros con los amigos y todos los lazos familiares que solo se hacen en estas señaladas fechas. Sin embargo, el ambiente mágico da paso a la realidad, o al menos lo que solemos decir: ¡A ver cómo se dan las fiestas! Con tono irónico, asustadizo e igual que un examen al que nos sometemos una vez al año.

La frase «qué pereza», «otra vez a discutir», «no soporto a tu familia» se apoderan de nosotros y no sabemos qué hacer. Aquí te doy truquitos para pasar lo mejor posible la Navidad y sus encuentros con la familia.

1.- Conoce a tu enemigo: los seres humanos somos totalmente previsibles, y más si son de tu familia, y más si es el mismo ritual todos los años. Por lo tanto, se un poco adivino, previamente a la cena apunta aquello que sabes que va a ocurrir, empieza a dar alternativas sobre el papel.

2.- Analiza los temas: de todos es sabido que hay temas que no se pueden tocar: religión, política y fútbol. Con los tiempos que corren es fácil hablar de política, pero ni se te ocurra hacerlo, la política es mucho más profunda que unas elecciones generales, remueve viejas ideas y vivencias, sobretodo en nuestros mayores, no hay necesidad de hacerles pasar un mal rato. Respeta el pasado, presente y futuro ideológico de los que comparten tu mesa.

3.- Temas nuevos: existen un montón de temas para hablar, divertirse y comunicarse. Temas que sean neutros y que no impliquen estímulos emocionales negativos.

4.- Juega: los juegos son una buena herramienta para que la velada termine de forma armoniosa y divertida. Un bingo, unas cartas, trivial, pictionary o ¿por qué no un karaoke al final de las fiesta?, puede ser una buena guinda final.

5.- Cuidado con el alcohol: en las cenas se acostumbra al vino, champan y copa. ¡Cuidado!, un exceso de alcohol puede hacer que empieces hablar de temas que no tocan ni corresponden y puedes liarla.

6.- Seres queridos: para muchas familias estas fechas son tristes porque ciertos familiares muy cercanos no están, o es la primera Navidad sin ellos: ¡hónrales! Es muy importante que transitemos por la tristeza para dejar fluir el duelo. Podemos honrarles con nuestra alegría, seguramente ellos, si estuvieran aquí nos querrían ver alegres. Por lo tanto, haz algo simbólico para ellos. Su comida favorita, pon una foto, una vela, pero con una sonrisa y di la frase: «Esta noche me voy a divertir por ti, así desde donde estés nos reiremos los dos».

7.- Si tienes niños pequeños, es una ventaja, ya que si no hay un buen ambiente, ellos serán los protagonistas. No hay tensión que se resista a las ocurrencias de un niño. Los temas infantiles son neutros: «qué cosas hacen nuevas» o «qué aprende en el cole». Deja que ellos hablen sin problema. Si hay algo que te moleste y es superior a tus fuerzas, háblalo con tu pareja para poner el límite antes de la cena.

8.- Recupera el sentido de la navidad: quizás no hay que amar a los demás, porque tenemos todo el año, pero sí que es una buena oportunidad para empezar amarte a ti mismo, así que haz tus pequeños adornos. Coloca y adorna la casa, porque a tí te apetece y te hace sentir feliz.

9.- Bolas con deseo: cuando cuelgues las bolas de Navidad apunta un deseo en al menos cinco de ellas. Casi todas ellas tienen un orificio que se puede abrir y cerrar, es por donde se cuelgan. Introduce por ahí tus deseos, sin que nadie lo sepa, déjate llevar por la magia de la navidad…si todo el mundo habla de ella...¡Igual existe!

10.- Valora lo que has hecho diferente: si hiciste la previsión de conductas y aplicaste soluciones nuevas, seguro que has tenido una noche diferente, apréndelo para que el año que viene puedas decir: «Bienvenida Navidad».

11.- Si pese a todas estas sugerencias, eres de los que odia la Navidad, por el motivo que sea, te aconsejo que te lo tomes como una época más del año. No le des importancia al folklore y céntrate en ti mismo. Al fin y al cabo, solo es un mes al año.

2

Regalos de navidad para ti

Los mejores regalos, no siempre vienen envueltos de papel de celofán. Los mejores regalos son los que te puedes hacer a ti mismo y que dure todo el año. Te propongo que para el día de la Navidad, escribas los regalos que te vas hacer en una hoja bonita, con bonitos colores, una vez que los tengas escritos, los metes en una caja, la envuelves y le pones una tarjetita que ponga: «Feliz Navidad tus regalos para el 2019 (o el año que corresponda) te han sido concedidos, ahora sólo tienes que disfrutarlos».

Yo lo hago todos los años, y os aseguro que se cumple prácticamente todo lo que pongo en la lista.

Sugerencias de regalos para ti:

1.- Reír más: ¿cuántas situaciones tienes que no valoras y se pueden transformar en risas?, por ejemplo, una tarde con tus hijos, en lugar de estar en guardia las 4 horas de la tarde, con los deberes, las cenas y los baños, por qué no te pones 5 minutos de risas con ellos, bésales a tus hijos, reíros juntos, haceros cosquillas o hacer algún chascarrillo ingenioso si ya los tienes algo mayores.

2.- Oír más música: a veces, tenemos demasiado ruido en el ambiente, en el trabajo, en la tele, en las noticias. Deja paso a la música, te hará no pensar en preocupaciones, no tener a nuestro cerebro sobrecargado de información, que además no es necesaria. Disfruta de viejos éxitos que te gustaban cuando eras adolescente o de pequeño y saca al adolescente a pasear de vez en cuando.

3.- Se más creativo: quizás esté es el año de comenzar algo nuevo, algo creativo, que no te suponga mucho trabajo, pero sí un inicio de algo. Por ejemplo ponte a escribir o a pintar, aunque no sepas, eso no es lo importante. Lo importante es darte tu espacio y dejar que la creatividad que hay en ti fluya.

4.- Andar: no vamos a caer en el tópico de haz más ejercicio, porque a veces, no podemos, no tenemos tiempo o simplemente os da pereza. Pero andar es fácil, cuando estés agobiado, vete a dar una vuelta aunque sea de 10 minutos, eso es suficiente. Vete tú agobio y tú a pasear, pero así de claro, di la frase: «Hola agobio, nos vamos a dar una vuelta». Así con todas las emociones, anda, sal, camina, como forma de decirle a la vida: «soy valiente y sigo adelante».

5.- Respirar: podríamos decir meditar, pero te lo voy a poner más fácil, respira, y agradece por tener vida. Por estar en la vida. Esto te hará estar más presente de lo que te imaginas, y verás los resultados casi de inmediato. Con que tengas 1 minuto al día de respiración consciente es suficiente.

3

No aguanto a mi suegra

Este es uno de los temas top de las Navidades .Tu suegra. La madre de tu pareja, que tantas veces se ha preocupado por ti y que la quieres como a una segunda madre. Se va haciendo mayor, se aburre, y la tienes instalada todo el día en casa, te empieza a controlar, a dar consejos y a repetir las cosas. En ese momento, lo único que quieres es atracar la nevera, de la ansiedad que te está dando, para no tener una bronca con tu pareja.

Pues bien, aquí te van unos cuantos consejos para que tu suegra deje de ser un problema, al fin y al cabo, es la madre de tu pareja y te guste o no va a estar ahí siempre.

1.- Ni se te ocurra poner a tu pareja en una tesitura entre tú y su madre. Seguramente salgas mal parado. Recuerda que ella ES SU MADRE y la va a defender siempre por muy pesada que sea.

2.- No entres en su juego: seguramente ella se cree que lo sabe todo por su experiencia, y tú te quieres desarrollar libremente, así que a lo que te diga tu dile: «sí, a todo». Luego haz lo que tú y tu pareja decidáis.

3.- Se aburre: entiende que la mujer se aburre bastante y su mayor distracción es opinar y hacerse sentir necesaria para su hijo/a, y tú no vas a quitarla el puesto. Intenta planear nuevas necesidades para ella, por ejemplo: apuntarse a algún tipo de voluntariado, pero que las proponga siempre tu pareja, ¡no tú!

4.- Analiza su comportamiento: no permitas que las palabras hirientes lleguen a ti. Si causan el efecto desestabilizador que ella quiere estás perdido. La información es poder, cuanto más entiendas su comportamiento antes podrás manejarlo.

5.- Refuerza tus lazos de pareja: habla con él/ella para hacer planes justos y unir más vuestro amor. Cuanto más unidos estéis menos poder tendrá tu suegra.

6.- Poner los límites: esto tienen que estar hablado con tu pareja, hasta dónde puede o no llegar tu suegra. Los límites los decidís ambos, pero quien se lo va a decir es tu pareja, para eso ¡es su madre!.

Y por ultimo decirte, que nunca olvides, por mucho que no la soportes, si tienes hijos, llevan un 25% de su genética, así que intenta ver qué cosas buenas o valores tiene.

Recuerda: ¡Siempre sonríe! ¡Esto te dará la victoria!

4

Evitar las peleas en casa

Estos consejos son aplicables en todas las épocas del año. Es un buen momento en las vacaciones recordar 10 puntos importantes y no olvidarlos nunca.

1.- Dos no pelean si uno no quiere: si no quieres pelear, no entres al juego de la pelea. Cuando pase la tensión entonces habla.

2.- Principio de extinción: una conducta no atendida se extingue, aplícalo a tu pareja, niños, amigos o conocidos. Di: «yo en la pelea no hablo»

3.- Refuerzo positivo: refuerza positivamente a los que te rodean, niños o pareja, cuando no discutan.

4.- Mamá/Papá tranquilo, ambiente tranquilo: cuanto más nervioso estés, más probabilidad hay de que tu percepción agrande las cosas. Si estás en tu centro, verás la realidad tal cual es y entrarás menos al trapo de la discusión.

5.- Pierde el miedo al No: poner los límites es de lo más difícil, pero la ventaja es que reduce drásticamente las peleas. Un No a tiempo te evitará muchos disgustos.

6.- Reconoce cuando estás cansado: aprende a decir y expresar como te sientes. Que te respeten en el cansancio. Si te ven como un invencible te exigirán todo el tiempo.

7.- Si tus hijos se pelean entre sí, sepárales en lugares diferentes de la casa y que hagan una tarea determinada y distinta. De este modo cada uno tendrá su lugar y no querrán el mismo territorio.

8.- Di te quiero: es fácil, gratis, y rápido. Cuánto más digas te quiero a tus hijos y pareja, se sentirán reconfortados y no lucharan por ser más vistos. En el fondo las peleas son llamadas de atención.

9.- Habla por separado: habla con los que se pelean o peleas por separado, por ejemplo, habla con tu pareja, a ver qué le pasa realmente, detrás de una pelea o un grito suele haber algo más, descubre la preocupación.

10.- Toma tu papel de adulto: no puedes pelear y ponerte al nivel de un niño de 6 años. Tú eres el adulto y el que tiene el poder, nunca se te olvide. Comparte este poder siempre con tu pareja.

Preparación para Fin de Año

5

¿Cómo decir adiós al Karma?

Se ha puesto tan de moda esto del Karma, que parece no se hubiera oído este concepto antes, aunque no sabemos cuánto hay de cierto, si es verdad que para muchas culturas todas las desgracias que nos ocurren pueden tener un origen kármico o energético que no podemos controlar, es decir: «te jodes» con tu Karma.

Pues NO. ¿Qué es eso que otras vidas controlen la nuestra? Las otras vidas, si es que las hubiera o hubiese, ya son pasado, y por lo tanto no tienen sentido en esta. Pero, por si acaso, esto fuera real, vamos a darle al Karma lo que él quiere que es: ¡su reconocimiento!

Para las culturas antiguas el Karma sería lo negativo y el Darma sería todo lo que te toca ya de abundancia, es decir, lo positivo. Este es el ejercicio, no sólo efectivo, divertido y te aseguro que: ¡te lo vas a pasar pipa! Y si de paso nos liberamos del pasado, ¡eso qué nos llevamos!

"La fiesta del Karma"

1.- Elige un día que sea importante o que lo hagas importante, lo ideal sería para tu cumpleaños, si te pilla muy lejos no importa pero elige bien la fecha porque será como un nuevo cumpleaños.

2.- Compra globos de colores. En ellos vas a marcar, como si fuera una fiesta de despedida de un amigo, lo que le pondrías: «Gracias karma por todo el tiempo compartido», «adiós Karma, ten buen viaje», «te echaremos de menos», «gracias por tu compañía todos estos años», «te queremos» y así con todo lo que se te ocurra que le dirías a alguien que se va. También puedes poner carteles por tu salón de casa, con los mismos mensajes.

3.- Pon música de fiesta: mientras haces esto pon música de fiesta, a mi me encanta poner *"It´s my party"*, y abre una botella de vino o algo para brindar

4.- Determina la hora en que se va a ir el karma, en toda despedida llega un momento donde el "amigo se va", determina esa hora porque será el fin del Karma

5.- Baila tu solo, dile un discurso, se consciente de todas las enseñanzas a lo largo de estos años y con humildad déjalo marchar.

6.- A la hora marcada, para que se vaya, empieza a pinchar los globos con la frase: «Adiós Karma, Gracias», puedes poner de fondo «algo se muere en el alma» porque es una parte nuestra que estamos dejando marchar.

7.- Deberás tener preparado un cartel que ponga «Bienvenido Darma a mi vida», que sacarás cuando ya tengas todos los globos pinchados. El cartel de bienvenida ponlo en tu habitación para que lo veas por lo menos durante una semana.

Con este ejercicio hacemos consciente que hay partes nuestras de códigos internos que se repiten, llámalos Karma o como quieras, es una forma de darle forma a lo inconsciente. Transfórmalo en consciente y libéralo.

¿Estás preparado para recibir lo bueno?

¡Bienvenido Darma!

6

Frases mágicas: agradecer

Si hay algo que he aprendido, para sentirme completa, feliz, en equilibrio, es practicar la gratitud en la vida. Aunque las circunstancias no sean las idóneas o no vayan las cosas como nos gustaría, si estamos agradecidos por lo que tenemos, no solo veremos todo desde otro punto de vista, sino que la carencia no la sentiremos como una losa que cae sobre nuestros hombros.

Aquí os van las mejores frases de agradecimiento y las básicas que deberías decir todos los días. Por otro lado, y antes de comenzar, os cuento un ejercicio que hice, muy significativo y que espero que os ayude. Empecé a contabilizar todo aquello, que me pagaban y que tenía, sin haberme gastado yo el dinero. Por ejemplo, si una amiga me invitaba a comer, me había ahorrado 12 euros del menú. Así fui sumando euro a euro todo aquello que me venía dado y no valoraba, al final del mes sume toda la cantidad y os puedo asegurar que era mucho dinero. Me sentí profundamente agradecida a la vida por todo aquello que me había ahorrado.

Frases:

1.- Gracias por tener vida: en cuanto te despiertes, incluso antes de bajarte de la cama, agradece por respirar, por estar viva, si estuvieras sin la respiración morirías.

2.- Gracias por tus extremidades: agradece a tus pies, piernas, brazos y manos por estar sanos, muchas personas tiene alguna extremidad dañada, y están limitados en sus movimientos y acciones. Ya solo por ellos, por calidad humana y respeto hacia quien no lo tienen, agradece.

3.- Gracias por el agua: vas al baño, te lavas la cara y te parece lo más normal del mundo que exista el agua en tu cuarto de aseo, pero no todos tienen ese privilegio, muchos tienen que ir a un pozo a sacar agua, no tienen las comodidades que tienes. Para ti todo es normal, pero es un privilegio que se ha normalizado.

4.- Gracias a los que hacen que mi bienestar sea posible: sigamos con el ejemplo del agua, ¿te has planteado todas las personas que hay detrás para qué tu agua esté en tu casa? o ¿todas las personas qué hacen posible una silla, una mesa, un plato? Desde la recogida del material hasta la elaboración, el diseño, la producción, muchas personas hay detrás de todo lo que para ti es cotidiano. Agradece y da un valor superior a las cosas materiales y simples que tienes.

5.- Gracias por la salud: si te encuentras a tu alrededor personas enfermas, agradece tu salud, que estás viva y que no tienes que pasar por ello. Si estás enfermo, agradece poder contarlo y no estar solo, como hay muchas personas. Ves a reuniones de grupo, observa a las personas que no tienen casi para comer, quizás veas desde otro punto de vista tu enfermedad.

6.- Y por último, agradece el dinero: aunque tengas poco, cada vez que pagues una factura, aunque sea tarde di: «gracias por haberlo podido pagar». Gracias cuando compras un trozo de pan o cuando ves una moneda en el suelo. Gracias continuamente.

Si das las gracias por todo lo que te he expuesto, te aseguro que te sentirás: ¡pleno y feliz!

7

¿Cómo conseguir los propósitos de año nuevo?

Comienza el Año Nuevo, nos deseamos todos, y seguramente, muchas de vosotros han cogido un papelito para escribir los deseos o propósitos de este nuevo año. Algunos, recogen el papel del año pasado y ¡oh sorpresa! No hemos conseguido ni la mitad.

¿Qué ha pasado? ¿Los astros no han querido que lleguemos a nuestras metas? Echamos la culpa a las circunstancias, o a lo ajeno, pero quizás hubo un fallo desde el principio, no estaban bien especificadas las metas.

Aquí os doy mis consejos para que cuando llegue el año próximo podamos decir: ¡Lo conseguí todo!

1.- Metas realistas: esto es lo primero, está muy bien soñar y pedir al universo, pero hay que ser conscientes de la realidad que nos rodea y con qué elementos reales disponemos.

2.- Realizar acciones: si pido encontrar el amor en el 2019, me tengo que poner manos a la obra. Haciendo lo mismo siempre, no cambio nada, será más difícil que llegue. Si ese es uno de tus propósitos, haz algo para conseguirlo, aunque sea ponte en alguna red de ligoteo para decirle al mundo que estas abierto al amor, aunque luego no tengas ninguna cita. Lo importante es estar educando a tu cerebro y decirle que vas a salir de la situación en la que estás.

3.- Cuidarte más emocionalmente: este debería ser el primer objetivo de la lista, si estás bien emocionalmente tienes más probabilidades de que todo salga bien. Incluso cuando vengan malas rachas, serás capaz de afrontarlas mucho mejor que si estás todo el día nervioso y angustiado.

4.- Define bien tus metas: que es lo que quieres y para qué lo quieres. El para qué es muy importante y verás que muchas de ellas dices que es para ser feliz, pero recuerda que la felicidad es un estado emocional, no es para quedarse, el para qué tiene que ser más tangible.

5.- Diferencia los objetivos: divide los objetivos en corto, medio y largo plazo, esto te va a motivar más a la hora de alcanzarlos. Verás que al ir cumpliendo los de corto plazo, son más viables los demás. Si solo pones objetivos a largo plazo, conseguirás caer en la frustración y echar la culpa al universo de tus desgracias.

Con estos consejos, vuelve a tu lista de deseos para este año y vuelve hacerla. Deja un par de ellos para los sueños, tipo ideales que son más bien un milagro pero recuerda que los milagros existen. Están ahí para que tú los puedas disfrutar y contar.

¡Feliz Año Nuevo!

Feliz año nuevo

8

¡Qué vienen los reyes!

Capítulo para ellas

Si hay algo que me gusta trabajar con mis pacientes femeninas es el concepto de reina o diosa que habita en ellas. Y lo mismo te digo a ti, la reina y la diosa que llevas dentro. La reina es la efectiva y la material por decirlo de alguna manera. La diosa es la sexual, la erótica, la que saca todo su potencial en la cama.

Hay que saber integrar las dos y dar cabida a las dos, si lo logras, te aseguro que serás tremendamente irresistible, no sólo en el terreno amoroso, también en el social y laboral. Todos, hombres y mujeres, te admiraran y querrán estar a tu lado. Por lo tanto, aquí te van mis consejos para ser toda una reina y una diosa.

1.- La reina no claudica, la reina, como buena reina, es una mujer fuerte, y sobre todo, es integra y coherente con ella misma, por lo tanto, para trabajar tu parte de reina has de hacer lo siguiente:

a.- Defínete como eres, si no sabes cómo eres, no podrás ser coherente

b.- Valida tus cualidades, haz una lista de cosas buenas y cualidades ya sean innatas o adquiridas, por ejemplo si has estudiado algo, valídalo, no todo el mundo estudia. Si trabajas 12 horas, valídalo, no todo el mundo es capaz de hacerlo. Si tienes 3 hijos y los llevas tú sola, valídalo, más de una se hubiera quedado en el camino.

c.- Una vez validado pregúntate: ¿Qué es lo coherente para este tipo de mujer? ¿Dónde tengo qué poner mis límites y no los estoy poniendo? ¿Qué es lo que realmente me merezco?

d.- Explora que cosas has de cambiar para que realmente te tomen en consideración, ¿a quién has de decir no, o simplemente alejarte? o por el contrario ¿a quién has de decir sí y acercarte más? Explora si has de cambiar tu círculo de amigos.

e.- Toma actitud de reina, si no lo haces, pensaran que eres la sirvienta, acuérdate la reina es reina por encima de todo, aunque no llegue a fin de mes.

2.- La diosa, es la erótica, la sensual, la divertida y en definitiva la mágica que se deja llevar por el momento de pasión por tanto.

a.- Regálate este año explorar más tu sexualidad. Atrévete con cosas pequeñas pero que sean significativas para ti, como ropa interior especial.

b.- ¡Juega! Utiliza juegos eróticos, vete a un sex shop e investiga un mundo de posibilidades divertidas para ti y para tu pareja, pero sobre todo para ti.

c.- Deja de lado la timidez. Si estás con alguien tienes que tener confianza en la sexualidad y déjate llevar. No seas atropellada sino que disfruta de las caricias, de su olor, de sus manos y siente lo que te produce.

e.- La sexualidad parte de ti, siéntete erótica la mayor parte del tiempo y verás los resultados muy pronto.

9

Cuesta de enero: los kilos

Llega Enero y el fin de las fiestas, con ello, las dos cuestas más importantes: la cuesta del dinero y todo lo que hemos gastado, y esto, sólo se soluciona ahorrando un poquito y ya contando con ello, en breve llegara febrero y habremos casi seguro remontado, pero querida amigo, ¿Qué ocurre con todos esos polvorones, dulces, salados, y demás manjares qué han pasado por nuestra boca y ahora se aposentan en nuestras posaderas?

Esta es la verdadera cuesta, los kilos de rigor que hemos de bajar. Al ser año nuevo, tenemos el aliciente y como meta del año, ponernos a régimen, así que se nos juntan el sobrepeso y kilos navideños.

Adelgazar con salud es algo mental y psicológico, has de estar preparado, sino fracasarás. Aquí tienes mis consejos para adelgazar de manera saludable y con cabeza:

1.- No te sientas culpable: no sé por qué tienes esos kilos de más, quizás no fue un buen año, estuviste nervioso más de la cuenta o no tenías ganas de mucho y andabas algo depre, eso disparó la ansiedad y abrió la boca y como consecuencia los kilos. Por lo tanto, lo primero, no te sientas culpable por esta situación, vamos a buscarla una solución que no sea pasar por machacarnos con la comida.

2.- Eleva tu autoestima: muchas veces se nos hace muy cuesta arriba porque no tenemos ganas de ponernos nada y no nos motivan esos kilos de más. No compramos ropa y esperamos a: «voy adelgazar» y eso nunca ocurre. Porque nos seguimos viendo gordetes y no hacemos nada. Así que te recomiendo que tus kilos y tu ¡os vayáis de compras! Sí, sí, de compras todos, aunque luego adelgaces, te empezarás a ver mejor y eso es importante.

3.- Pide ayuda: lo mejor para adelgazar sanamente es ir a un nutricionista, no sólo porque nos ayuda a tener una dieta sana y equilibrada, sino porque ejerce un control sobre nosotros. Ir todas las semanas a que nos controlen es símbolo de éxito garantizado. El comer es un placer, no nos olvidemos y renunciar a placeres es mejor hacerlos en compañía.

4.- No te pongas excusas: si no quieres adelgazar, no quieres. Si no es tu momento, está bien, pero no culpes a las circunstancias de tus kilos, excepto si tienes una enfermedad o una medicación, que ya pasará. Pero si no estás en un momento bueno, asúmelo, trabaja el momento para convertirlo en óptimo y empieza con tu régimen.

5.- No te olvides que tú eliges lo que comes, tú eliges si es un bocata de jamón, una hamburguesa o una ensalada, recuerda eta frase «yo elijo», esto te hará ser consciente de tu responsabilidad y ya verás cómo cambiar

el hábito es mucho más fácil cuando lo ves en términos de

elección. Te hará sentir más libre y con menos carga.

Piensa que los kilos representan cargas

emocionales, libérate de ellas, y siente el placer de estar

ligero por la vida.

10

Depresión de febrero

Termina la Navidad, las fiestas, el champán, los regalos, y lo peor de todo, es que acaba otro año. Un año más que nos deja con la sensación de no haber alcanzado nuestras metas. Un año más, que sigue pasando en el tiempo como si nada. Una época que invita a la reflexión al comienzo del año nuevo y en los primeros días se convierte en tristeza.

Tristeza, primero porque nuestro bolsillo se ha quedado tiritando haciendo compras, muchas veces excesivas, para agradar a los demás, regalos, que en muchas veces no son compensados. Tristeza, de ver que nuestras metas no se habían cumplido y que intentamos posponer para este año que entra y para rematar, tristeza que se acumula en forma de kilos en nuestro cuerpo y que añade un sobre peso emocional a nuestra vida (este tema ya lo hemos tratado en el capítulo anterior).

El problema viene, cuando esta tristeza no sabemos gestionarla, puede llegar a dar paso a una depresión en el mes de febrero. La tristeza se convierte en apatía, no tener ganas para hacer las cosas, no querer levantarse por las mañanas y empezar a sentir que todo se hace tan cuesta arriba que el sentimiento de abatimiento inunda nuestro día a día.

Los síntomas que diferencian una simple tristeza pasajera y normal, de una depresión se basan fundamentalmente en la emoción. La tristeza es una emoción que hay que saber transitarla y ponerle solución cuanto antes. La depresión tiene los síntomas asociados a no solo tener la tristeza como emoción principal, abatimiento, cansancio, falta de claridad en los objetivos, insomnio, intranquilidad e ideas recurrente negativas cómo: «esto es una mierda», «no lo voy a conseguir nunca», «todo sigue igual y yo no puedo con ello», «solo quiero dormir para que los días sean cortos» etc... en definitiva, en la depresión el camino se hace oscuro, mientras que solo estando tristes o de bajón podemos ver la luz.

Por todo esto voy a darte unos consejos para que no llegue esa tristeza a depresión, y comiences el año de una forma diferente. Varios puntos ya se han tratado, pero hay que especificar un poco más.

1.- Calidad de metas y objetivos: esto es lo primordial, pero para saber qué quieres alcanzar, primero has de saber dos cosas:

a.- ¿En qué punto estás?

b.- ¿En qué punto estabas?

Si contestas a la primera con un: «cómo siempre» vamos mal, no has sido capaz de ver todo lo que te ha pasado, ni valorar todo aquello que ha acontecido en tu vida, han sido lecciones de aprendizaje y te han hecho evolucionar como persona. Para ello es imprescindible que hagas antes de nada el punto b. Contesta a las siguientes preguntas:

¿Qué retos has pasado el año anterior y has sido capaz de superar?

¿Qué herramientas has adquirido que antes no tenias?

¿Qué herramientas tenías y has aplicado mejor?

¿Qué cosas buenas te han pasado, como pequeños detalles y no has sido capaz de valorar?

¿Tus objetivos eran reales? O ¿Te has movido en fantasías inalcanzables? Esto último produce una gran frustración.

Por lo tanto este año:

Marca tus metas de manera realista y presta atención a las metas a corto plazo.

Marca la meta y el refuerzo positivo antemano, es decir, ¿cuál va a ser tu premio cuando lo logres? No esperes a conseguirlo para pensar el premio, determínalo ya.

La meta es para ti, no para la familia ni para la pareja, ni para los amigos.

Metas cortas, claras, concisas y reales. No marques ir todos los días al gimnasio cuando sabes que sólo iras 2 veces.

2.- La economía

En cuanto la economía que es una fuente de estrés muy importante, la falta de ella, has de aprender varias cosas y aquí voy hacer referencia a los regalos, al dar y recibir. Tienes que tener claro cuáles son tus posibilidades de gasto, y no gastes más para agradar más, eso sólo te traerá frustración y por lo tanto tristeza. Por lo tanto.

a.- Gasta lo que tengas presupuestado ni más ni menos, no intentes comprar a la familia con regalos, el amor, el cariño y el respeto no se compran. Quien te quiere te quiere de verdad. Esto aplícalo para las siguientes navidades.

b.- No te arrepientas, si no tuviste la reacción que esperabas, si el gasto ahora es un peso importante en tu económica, no te arrepientas de haberlo hecho, aprende para la próxima. Quédate con la sensación de haber hecho lo que para ti es correcto.

c.- Aunque estés sin mucho dinero ahora, permítete algún capricho, barato, pero permítelo, al final, comprar es un placer, pero lo que necesites y como premio. Sal a tomar algo con tu familia, amigos o pareja, que el dinero no sea un problema. Vas a tener las mismas deudas si gastas 20 euros, no te va de ello. Así que aunque sea una vez este mes gástate esos 20 euros.

3.-Y el último punto, los kilos, para que te vas a amargar si sabes que siempre, todas nos cogemos kilos en estas fechas. No empieces una dieta estricta ahora, intenta regular un poco el hidrato de carbono y un poco los dulces. Incorpora fruta y verdura y comienza tu operación kilos fuera en febrero, como comentamos en el anterior capítulo. No te va de 1 mes estar más delgado, así estarás más ligero después de haber recuperado la rutina y más animado para comenzar la dieta.

11

Todos queremos Paz

Este tema debería ser de reflexión siempre. He considerado que si lo analizamos para comenzar el año, es un buen comienzo. ¿Cómo tener un mundo mejor? Por regla general, nuestra tendencia es a echar balones fuera, responsabilizamos a los demás ¿Pero en qué medida soy responsable de esa paz mundial?

En la media que somos individuos y la suma de los individuos hace la sociedad, por lo tanto estar en paz con nosotros mismos, hará que la comunicación y las relaciones especiales sean más positivas y menos agresivas. Hará que los contratiempos de la vida se manejen de mejor forma, y por lo tanto, estar bien, no solo beneficia a nosotros mismos, sino que aportamos paz y luz a nuestro núcleo más cercano y este, si está en paz, se expandirá hacia mas núcleos y será como si cayera una bomba de irradiación de paz que se expande.

Si todos hacemos un esfuerzo por estar o tener paz en el alma ayudaremos a tener una sociedad mejor.

Aquí van mis consejos para tener una vida interior más pacifica e irradies paz, luz y fuerza a todos los que te rodean:

1.- Algunos problemas no dependen de ti: has de aprender a relativizar los problemas, algunos tienen la solución en tu mano. Debes de actuar sin miedo. Pero otros, no dependen de ti y por tanto no te esfuerces ni pierdas el tiempo en solucionarlos, deja que pasen, recuerda que después del temporal viene la calma.

2.- Aprende a meditar: no hace falta que te hagas un curso de meditación, simplemente intenta tomarte un poco de tiempo para ordenar tu pensamiento, dejar la mente en blanco te ayudará a tomar las decisiones correctas en cada momento.

3.- No tengas miedo a cometer errores: eres humano, nunca se te olvide, y por lo tanto, imperfecto. Desde la imperfección es más fácil actuar, es más fácil sentir y más, emocionalmente hablando, ser más permisivo contigo mismo, errar es de humanos y de los errores se aprenden.

4.- No tengas miedo a sentir: si quieres sentir paz, armonía y felicidad, debes de saber que has de sentir el resto de las emociones humanas: rabia, miedo, tristeza etc.… cuando aparezcan no las tapes, dales su lugar, solo sintiendo todas las emociones experimentaras verdadera paz y amor hacia ti mismo y a los demás.

5.- Ejercicio y sueño: ya sé que todos los psicólogos y profesionales de la salud decimos lo mismo siempre, pero es realmente importante que te sientas activo, y en movimiento, el movimiento trae movimiento y si hay algún atasco en tu vida, camina, como hecho simbólico a que todo se pone en marcha, sobretodo cuida tu sueño. Dormir y más que dormir, descansar, es imprescindible para una buena salud física, mental y emocional. Si consigues descansar en el fondo está haciendo que tu interior confíe en la vida y que todo va a salir bien. Eso es garantiza tu bienestar.

Si quieres vivir en un mundo mejor, empieza por ti, irradia paz, y los demás se contagiaran de ello, por eso, estar pendiente de ti, no es un acto egoísta, sino de generosidad hacia todos.

¿Tienes alguna duda o sugerencia?

Escríbeme:

lamagadelasemociones@gmail.com